Inhalt

Verhaltensorientiertes Controlling - Ziel ist die Balance zwischen "Wollen" und "Sollen"

Kernthesen

Beitrag

Fallbeispiele

Weiterführende Literatur

Impressum

Verhaltensorientiertes Controlling - Ziel ist die Balance zwischen "Wollen" und "Sollen"

Robert Reuter

Kernthesen

- Der Faktor Mensch spielt im herkömmlichen Controlling kaum eine Rolle.
- Im verhaltensorientierten Controlling werden die Zahlenwerke um die menschliche Komponente der Wirtschaftsakteure erweitert.
- Angestrebt ist ein Unternehmens-Controlling, das Verhaltensfehler insbesondere von Managern miteinrechnet und sie so erkennbar und behebbar macht.

Beitrag

Lässt sich menschliches Verhalten kontrollieren?

Controller haben es gemeinhin mit Zahlen zu tun. Mit ihrer Hilfe beurteilen sie betriebswirtschaftliche Vorgänge im Inneren eines Unternehmens und heben warnend den Finger, wenn sich rote Zahlen häufen. Controller gelten darum oft als Zahlenfüchse, die es ihr Berufsleben lang mit Konten, Tabellen und Ziffern zu tun haben.

Die bekannten Aufgaben des Controllings werden insbesondere von der Controlling-Forschung jedoch immer mehr ausgedehnt. So ist in der Theorie schon lange von Personal-Controlling die Rede, das aber in fast keinem Unternehmen tatsächlich richtig eingeführt ist. Ein Personal-Controlling, das seinen Namen verdient, müsste über Excel-Tabellen, in denen Urlaubstage und Gehaltserhöhungen aufgelistet sind, weit hinausgehen. Das Problem besteht darin, Personal auch in seinen Fähigkeiten und Eigenschaften mit Zahlen abzubilden und so quantifizierbar zu machen.

Noch weiter geht das so genannte "Behavioral Controlling". Diese Forschungsdisziplin steckt noch in den Kinderschuhen, was sich auch an der begrenzten Zahl von Presseartikeln über dieses Thema ablesen lässt. Behavioral oder verhaltensorientiertes Controlling legt zugrunde, dass der Mensch, anders als in den bekannten Modellen, gar nicht als rational handelnder Homo oeconomicus zu betrachten ist. Die bisher von Controllern nicht beachtete menschliche Komponente im Handeln von Wirtschaftsakteuren müsse daher auch im Controlling berücksichtigt werden. Überspitzt könnte man es so formulieren: Verhaltensorientiertes Controlling versucht, menschliches Handeln messbar und so mit Controllinginstrumenten bewertbar zu machen. (1), (2), (3)

Rationalitätssicherung der Führung

Dass die Idee eines verhaltensorientierten Controllings jetzt wieder häufiger in den Fokus gerät, ist eine Folge der Finanzkrise. Die Geschehnisse seit 2008 haben sehr deutlich vor Augen geführt, dass die Grundannahme des rational handelnden Wirtschaftsakteurs falsch ist. Stattdessen geben Finanzhasardeure den Ton an, die eine Bank in den Abgrund stürzen (Lehman Brothers) oder Staaten an die Wand fahren (die Regierungen von Irland, Griechenland, Portugal, USA). Aus diesen Ereignissen leitet sich das hohe Ziel eines verhaltensorientierten Controllings ab. Dieses soll rationalitätssichernd wirken, etwa indem es solchen Managern auf die Finger klopft, deren persönliche Eigenschaften das Unternehmen in Gefahr bringen. Hierzu zählen beispielsweise der oft beobachtete Hang zum unbewussten Ausblenden von Risiken oder zu großer Optimismus - etwa bei Schätzungen des Zeitbedarfs oder der zu erwartenden Kosten eines Projekts. Die Kontrolle richtet sich dann nicht mehr ausschließlich auf Zahlen und Budgets, sondern auf das menschliche Verhalten der Manager und dessen Einfluss auf die Unternehmenssituation. (1), (4)

Verhaltensfehler erzeugen unvollkommene Märkte

Auch weil handelnde Wirtschaftsakteure fehlerhaftes Verhalten an den Tag legen, sind freie Märkte - anders als in der Theorie angenommen - oft alles andere als effizient und vollkommen. Im Fall der Finanzkrise etwa zeigte sich, dass eine komplette Branche nur noch durch Steuergelder gerettet werden konnte. Im deutschen Kreditsektor haben sich die Verantwortlichen dabei insbesondere einer fehlerhaften und überoptimistischen Risikobewertung schuldig gemacht. Ein verhaltensorientiertes Controlling hätte hier eingreifen können, was allerdings ein hohes Ziel darstellt. Würde es ernst werden mit der Bewertung von Manageransichten durch den Controller, kann man sich den Ärger im Unternehmen vorstellen.

Der unvollkommene Markt, den die Finanzakteure hinterlassen haben, ist damit unzweifelhaft die Folge ihres Verhaltens. Dies zeigt, dass der mit Fehlern behaftete Homo oeconomicus, wenn er denn nur in ausreichender Zahl auftritt, nicht nur Unternehmen, sondern ganze Märkte ruinieren kann. Das Bild vom rational handelnden Wirtschaftsakteur hat spätestens durch die Finanzkrise großen Schaden erlitten, wofür nach Erkenntnissen der Forschung häufig Informationsasymmetrien verantwortlich sind. Diese These lässt sich etwa an den deutschen Landesbanken leicht verifizieren: Ihren Vorstandsvorsitzenden war zu keiner Zeit klar, worauf sie sich einließen, als sie massenhaft amerikanische Subprime-Verbriefungen einkauften. (2), (6)

Unternehmen prägen das Verhalten

Irrationales Verhalten von Wirtschaftsakteuren ist nicht erst in der Finanzkrise zu beobachten. Bei den traditionellen Analysen gingen die Ökonomen jedoch immer davon aus, dass irrationales Verhalten zum Beispiel auf den Kapitalmärkten immer von rational Handelnden ausgeglichen wird. In der Theorie funktionierte die vereinfachende Voraussetzung ökonomischer Vernunft darum recht gut. In den Unternehmen aber sieht das anders aus. So gilt es schon lange als erwiesen, dass das Erstellen von Budgets die Einstellung der Mitarbeiter negativ beeinflussen kann. In den 50er Jahren wurde klar, dass das System das Verhalten der Mitarbeiter bestimmt. Seitdem wird dem menschlichen Verhalten in der Ökonomie wachsende Beachtung geschenkt, was sich auch an der Entstehung neuer Disziplinen ablesen lässt. Hierzu zählen Behavioral Accounting (Rechnungswesen), Behavioral Finance und Behavioral Marketing. (1)

Nachholbedarf in der Forschung

Der Erfolg von Unternehmen ist damit davon abhängig, ob und in welchem Ausmaß die kognitiven Beschränkungen innerhalb der Führungssysteme und -prozesse gesehen werden. Dies ist die Schnittstelle, an der das Controlling eine wichtige Rolle spielen kann. Ein verhaltensorientiertes Controlling würde auch die Unternehmensentscheidungen bewerten können, die sich der Grundannahme des rational handelnden Akteurs entziehen. In Deutschland muss

Behavioral Controlling allerdings immer noch als wenig erforschte Disziplin gelten, während in den USA eine ausgeprägte Berücksichtigung von Verhaltensaspekten bereits eingesetzt hat. (2)

Grundlagen menschlichen Handelns

Grundlage eines verhaltensorientierten Controllings ist die Systematisierung menschlicher Antriebe. Dass diese Aufgabe ein schwieriges Unterfangen darstellt, bedarf keiner Erklärung. Vorschläge für ein solches System gibt es dennoch. So wird das Verhalten aus der Sicht eines ökonomisch-psychologisch geprägten Verständnisses erstens durch individuelle und zweitens durch situative Faktoren determiniert. Individuelle Faktoren sind die bei jedem Menschen anders ausgebildeten subjektiven Ziele, Motive und Fähigkeiten. Diese individuellen Faktoren prägen das "Können" und "Wollen" von Menschen, während die situativen Faktoren das "Dürfen" und "Sollen" bestimmen. Neben diesen psychologischen Faktoren beeinflussen das menschliche Verhalten soziale, ethische und kulturelle Haltungen, die für ein vereinfachendes System jedoch erst einmal ausgeblendet bleiben. (2)

Dysfunktionalität überwiegt

Nur wenn das Wollen mit dem Sollen zur Deckung kommt, kann von rational handelnden Akteuren gesprochen werden. Genau die gibt es in der Praxis jedoch nicht oft. Stattdessen herrscht "dysfunktionales" Verhalten vor, das sich allgemein so beschreiben lässt, dass es weder den Unternehmenszielen noch dem Betriebsklima dient. Typisch sind etwa bürokratisches, nachlässiges, manipulierendes und opponierendes Verhalten. Gerade nachlässiges Verhalten wird dabei oft durch unbewusste situative Fehleinschätzungen hervorgerufen. Der benötigte Leistungseinsatz beziehungsweise die zu erbringende Leistung werden unterschätzt. Alle dysfunktionalen Verhaltensformen beruhen auf der Motivation oder kognitiven Beschränkungen, also auf mangelndem Wollen oder Können. (2)

Balance zwischen Wollen und Sollen

Ein verhaltensorientiertes Controlling stellt in diesem Zusammenhang einen grundlegenden Erfolgsfaktor dar, wenn es dem Controller gelingt, das dysfunktionale Verhalten von Managern und

Mitarbeitern zumindest teilweise zu vermeiden. Als Instrument hierfür wird in der Literatur eine erfolgs- und leistungsorientierte Zusatzvergütung genannt, mit der ein verhaltensorientiertes Controlling den motivationalen und kognitiven Beschränkungen Rechnung tragen könne. Zusammenfassen lassen sich die Ziele eines um den Faktor Mensch erweiterten Controllings dann folgendermaßen: Angestrebt wird eine unternehmenskonforme Balance zwischen individuellem "Wollen" und "Können" und dem organisatorischen "Dürfen" und "Sollen", um so dysfunktionales Verhalten abzubauen. (2)

Trends

Verhaltensorientierte Kundentypologie

Auch beim Marketing spielt das Verhalten eine immer wichtigere Rolle. So werden Kundengruppen bisher meist nach Lebensphasen oder Einkommenshöhen klassifiziert, nicht aber nach ihrem Individualverhalten. Demgegenüber sollen verhaltensorientierte Segmentierungsansätze den Zusammenhang zwischen Einstellungen,

Handlungsabsicht und Verhalten transparent machen. Unter anderen widmen sich diesem Thema derzeit die deutschen Sparkassen. (5)

Fallbeispiele

Die Dysfunktion des Wendelin Wiedeking

Ein "schönes" Beispiel für dysfunktionales Verhalten und seine wirtschaftlichen Folgen ist die gescheiterte Übernahme Volkswagens durch die Porsche AG. Die Idee, VW zu übernehmen, kam von Porsche-Chef Wendelin Wiedeking. VW-Chef Ferdinand Piech, der ja ein Enkel des Porsche-Begründers Ferdinand Porsche ist, war schon immer der Meinung, dass Porsche und VW zusammengehörten und hatte darum nichts gegen die Pläne. Dass es hierzu nicht kam, hatte seinen Grund im herablassenden Auftreten der Porsche-Delegation im Hause VW. Wendelin Wiedeking ließ sich sogar als kommender Konzernchef vor VW-Automobilen ablichten. Das menschlich fragwürdige Verhalten der Porschianer hatte die Folge, dass sie den gesamten VW-Vorstand gegen sich aufbrachten, der sich daraufhin gegen eine Übernahme durch Porsche sperrte. Als dann noch die Finanzkrise ausbrach - für die, wie oben beschrieben, ebenfalls dysfunktional agierende Manager verantwortlich sind - war es um Wiedekings großen Plan geschehen. Der Spieß drehte sich um - Porsche ist heute ein Teil des VW-Konzerns. Ob ein verhaltensorientiert arbeitender Controller die Porsche-Riege von ihrem kontraproduktiven Auftreten hätte abhalten können, muss allerdings ungeklärt bleiben. (7)

Weiterführende Literatur

(1) Behavioral Controlling?
aus COMPUTER-INFORMATIONS-DIENST vom 07.September 2011

(2) Zum Selbstverständnis des Controllings Von der reinen Zahlenwelt zum verhaltensorientieren Controlling
aus Betriebswirtschaftliche Blätter, August 2008, Nr. 08, S. 457

(3) Controlling des Interaktionsprozesses zwischen Mitarbeitern und Kunden
aus IM Information Management & Consulting, Heft 02/2010, S. 49-57

(4) Die Finanzkrise – eine wirtschaftspsychologische Analyse
aus Wirtschaftspsychologie, Heft 2, 2011, S. 5-23

(5) Verhaltensorientierte Kundentypologie Am Kundennutzen orientierte Segmente sorgen für Ertrag
aus Betriebswirtschaftliche Blätter, Februar 2011, Nr. 02, S. 109

(6) Spieltheorie versus Stochastik Kritik am Effizienzmodell der vollkommenen Märkte Quellenverzeichnis sowie weiterführende Literaturhinweise:
aus RISIKO MANAGER Nr. 07 vom 31.03.2011

(7) Autoschlacht nimmt historische Wende Volkswagen/Porsche Porsche-Chef Wendelin Wiedeking ist mit der riskanten VW-Übernahme gescheitert. Eine Fusion mit VW soll nun den Sportwagenbauer retten. Jetzt nimmt Volkswagen die Fäden wieder in die Hand. Die Ära Wiedeking geht dem Ende zu.
aus Börse online vom 14.05.2009, Seite 8-9

Impressum

Verhaltensorientiertes Controlling - Ziel ist die Balance zwischen "Wollen" und "Sollen"

Bibliografische Information der deutschen Nationalbibliothek

Die Deutsche Nationalbibliothek verzeichnet diese Publikation in der deutschen Nationalbibliografie; detaillierte bibliografische Daten sind im Internet über http://dnb.d-nb.de abrufbar.

ISBN: 978-3-7379-0096-6

© 2015 GBI-Genios Deutsche Wirtschaftsdatenbank GmbH, Freischützstraße 96, 81927 München, www.genios.de

Alle Rechte vorbehalten. Dieses Werk ist einschließlich aller seiner Teile – z.B. Texte, Tabellen und Grafiken - urheberrechtlich geschützt. Jede Verwertung außerhalb der Grenzen des Urheberrechtsgesetzes bedarf der vorherigen Zustimmung des Verlags. Dies gilt insbesondere auch für auszugsweise Nachdrucke, fotomechanische

Vervielfältigungen (Fotokopie/Mikroskopie), Übersetzungen, Auswertungen durch Datenbanken oder ähnliche Einrichtungen und die Einspeicherung und Verarbeitung in elektronischen Systemen.